SECOND RAPPORT

DU GRAND-JUGE,

RELATIF aux trames du nommé Drake, ministre d'Angleterre à Munich, et du nommé Spencer-Smith, ministre d'Angleterre à Stutgard, contre la France et le Premier Consul.

CITOYEN PREMIER CONSUL,

Mes conjectures se vérifient : M. *Drake* n'est pas le seul agent de l'Angleterre dont la mission politique n'est que le masque plausible d'un ministère occulte de séduction et de soulèvement. J'ai l'honneur de mettre sous vos yeux des pièces qui prouvent que M. *Spencer-Smith*, agent diplomatique de l'Angleterre dans les États de Wurtemberg, à l'exemple de M. *Drake*, ne s'occupe, depuis son arrivée dans le lieu de sa résidence, qu'à prostituer son caractère public, son influence et l'or de son Gouvernement à cet infame ministère.

A

M. *Spencer-Smith* a laissé pénétrer le rôle secret qui fait l'objet effectif de sa mission diplomatique. Je présente au Premier Consul une lettre énigmatique, que ce ministre écrit à M. *Lelièvre-de-Saint-Remi*, un de ses agens en Hollande. Cet agent, espion, émigré et amnistié, était déjà connu de la police; et avant d'avoir une des pièces de sa correspondance avec M. *Spencer-Smith*, je savais par d'autres rapports que, près d'obtenir son amnistie, qu'il a eue en pluviôse an 11, il avait quitté Séez, sa patrie, en nivôse, même année, pour aller à Cambrai; et que, le 2 frima dernier, il était allé en Hollande pour y servir sous le nom de *Pruneau*, et y suivre la double direction d'un Français, espion, nommé *Le Clerc*, que le ministère anglais entretenait à Abbeville, et celle d'un espion accrédité, nommé *Spencer-Smith*, que le même ministère avait décoré pour le couvrir du manteau d'un titre diplomatique. (*Voyez les pièces* 8, 9,......*&c.*) Je savais encore, par des pièces extrêmement nombreuses et non moins instructives, saisies sur l'espion d'Abbeville, que M. *Spencer-Smith*, avant de quitter Londres, s'était mis dans des rapports tellement intimes avec un comité général d'espionnage établi près du ministère, et dont la direction a été confiée à l'abbé *Ratel*, qu'il avait demandé et obtenu de ce comité un secrétaire de confiance nommé *Pericaud*, qui devoit suivre la correspondance secrète, recevoir et donner tous les renseignemens nécessaires aux agens de Hollande, aux espions des côtes, aux conspirateurs de Paris. Les lettres à *Lelièvre*, le crédit de deux mille louis, donné sur la maison *Osy* à Rotterdam, le chiffre, la lettre énigmatique n.° 7, sont de la main de ce *Pericaud;* et ainsi, on voit que M. *Spencer-Smith* est parti pour sa résidence avec tout l'appareil qui convient à un ministre diplomatique de l'Angleterre, c'est-à-dire, des encres sympatiques, des mots d'ordre pour s'entendre avec tous les espions, des lettres de change pour payer leurs services, et un intermédiaire sûr pour suivre leur marché et les diriger sans se compromettre.

Il faut revenir encore une fois à M. *Drake.* Les deux rapports que je mets sous vos yeux, citoyen Premier Consul, vous rendent compte d'une mission remplie auprès de ce ministre, par le citoyen *Rosey*, capitaine adjudant-major du 9.ᵉ régiment de ligne, en garnison à Strasbourg, que M. *Drake* a bien voulu prendre pour l'agent d'un prétendu général, qui devait soulever quatre départemens, attirer à lui l'armée française, renverser votre Gouvernement, installer à sa place un directoire démocratique, et mettre ensuite ce fantôme de pouvoir et la France entière à la discrétion du Gouvernement anglais.

J'hésiterais à vous entretenir de ces monstrueuses, de ces invraisemblables absurdités, si je n'avais à vous présenter une lettre originale de M. *Drake*, appuyées de sommes considérables en or, comptées par M. *Drake*, et déposées à mon ministère par le C.[en] *Rosey*. Cette lettre sert de preuve à l'exactitude des rapports de l'agent français, et doit être publiée, parce que les odieux détails qu'elle contient, chargent de nouvelles couleurs le tableau d'infamie que M. *Drake* a tracé lui-même de sa diplomatie incendiaire, dans la première partie de sa correspondance.

M. *Drake* répond au prétendu général. Il accuse la réception de son envoyé et de ses lettres de créance. Il se félicite de l'accord qui règne entre lui et le comité de désorganisation que le général préside. « Vos vues, dit-il avec complaisance, » sont entièrement conformes aux miennes, et je » n'ai pas besoin de m'étendre davantage sur ce » point. »

Mais suivant ici les premiers erremens de son prédécesseur *Wickam*; il demande que préalablement on s'assure de deux places fortes, d'Huningue sur-tout, et, s'il se peut, de Strasbourg. Ce n'est que par-là qu'on pourra compter sur une communication sûre. Alors, M. *Drake* viendra prendre une position voisine du Rhin, *et il suffira qu'il soit instruit sur-le-champ du moment fixé pour commencer les opérations, et des époques précises, quand des secours ultérieurs seront nécessaires, ainsi que du montant de ces secours; afin qu'il ait le temps de prendre des mesures pour en faire la provision, et que les opérations ne manquent pas faute d'alimens.* (*Voy.* n.° 6.)

Cependant le point important n'est pas de prendre des places et d'avoir des passages sûrs pour l'arrivée des subsides. Avant tout, il faut désorganiser l'armée. M. *Drake* se plaint de l'ignorance où on le laisse *des progrès que les agens du comité ont dû faire, pour y gagner des partisans;* mais il se confie à leur zèle. *Il suppose* avec sécurité que *les tentatives* faites dans cette vue *ont complétement réussi, et qu'on est assuré d'une puissante diversion à cet égard; sans cet aide,* déclare-t-il solennellement, *vos opérations seront bornées à faire insurger trois ou quatre départemens, ce qui ne peut guère réussir à la longue, en supposant que le Premier Consul conserve assez de pouvoir sur ses troupes pour les faire marcher contre vous.*

Cette inquiétude, on le croira sans peine, est l'idée dominante de M. *Drake;* elle le saisit, elle l'occupe sans cesse; mais enfin, il a trouvé un admirable expédient pour se rassurer. *Il faudrait, dit-il, proposer aux soldats un petit surcroît de paye au-delà de ce qu'ils reçoivent du Gouvernement actuel.*

Digne découverte d'un ministre corrompu, d'un Gouvernement qui pèse au poids de l'or toutes les actions, toutes les affections humaines. Rien, à son gré, ne doit résister à cet or, qui est au-dessus de tout; et cette armée française, idolâtre de l'honneur, attachée par la gloire de mille combats, et de dix années de victoires; cette armée, qui méprise la séduction, parce que ceux qui séduisent et ceux qui sont séduits sont les plus lâches des hommes; cette armée, dis-je, cédant à l'appât d'une misérable augmentation de solde, ira sacrifier tout ce qu'elle a de plus cher, tous ses plus honorables souvenirs, son Gouvernement enfin, et sa liberté, à l'irréconciliable ennemi de sa patrie ! quelle horreur ! quelle démence !...

Je ne m'appesantirai pas sur ces dégoûtans détails ; c'est trop honorer d'ailleurs les conceptions politiques et militaires de M. *Drake,* que d'insister long-temps sur l'indignation que leur atrocité inspire : ses projets sont en même temps ridicules et absurdes à un éminent degré ; et je pense que c'est le punir convenablement que de livrer les entreprises de ce ministre plus crédule, plus mal-adroit, plus imbécille encore que méchant, au mépris et à la risée publique.

Un ministre anglais, tel que M. *Drake*, ne saurait être puni par l'opprobre. L'opprobre ne peut mortifier que les hommes qui sentent le prix de la vertu, et qui connaissent celui de l'honneur; mais M. *Drake* est arrogant et vain. Le bénéfice de ses missions secrètes a dû le rendre opulent et avide. Il sera puni, quand il saura que le soulèvement des quatre départemens, la prise d'Huningue, la séduction de l'armée, la libération de *Pichegru*, de *Moreau*, de *Georges* et de ses associés, l'existence du comité diplomatique, les talens enfin, le crédit et les projets de ce général démagogue, doué par la nature d'une éloquence sublime, d'une figure imposante, et tout disposé à opérer à sa voix le bouleversement de la France, sont des chimères dont le préfet de Strasbourg s'est plu à nourrir sa naïve crédulité.

Il sera puni, quand il saura que tous ses bulletins envoyés par des courriers extraordinaires à Londres, communiqués à toutes les cours, colportés par les ministres anglais jusqu'à Constantinople, et dont on trouve des traces même dans les discussions du parlement, étaient fabriqués, et ne contenaient rien qui fût ni vrai ni vraisemblable; qu'avant de lui être adressés, ils étaient

A 4

communiqués aux agens de la police de Paris, qui rougissaient en les lisant, et ne pouvaient revenir de leur surprise en voyant des fables ourdies avec aussi peu de soin, charmer M. *Drake* et servir de base aux espérances et aux calculs du cabinet.

M. *Drake* enfin sera puni, quand il saura que ses lettres de change, son or, sa correspondance, celles de ses collègues les espions de Rotterdam, d'Abbeville, de Paris et de Munich, servent de jouet à des hommes qui, en approchant de lui et de son collègue de *Stutgard*, en suivant leur marche, en étudiant leur caractère, ont appris et peuvent apprendre à l'Europe qu'un ministère qui se rend méprisable par le choix, par la conduite de ses agens diplomatiques, ne doit inspirer aux Gouvernemens du continent ni crainte ni confiance, et que l'insolence et la corruption dont ce ministère se fait des armes pour intimider ou égarer les conseils des souverains, trouvent aujourd'hui un puissant antidote dans la révélation de la bassesse, de l'immoralité et de la stupidité de sa diplomatie.

Quant à M. *Spencer-Smith*, j'ai de fortes raisons pour penser que les opérations dont il est chargé ne se bornent pas à ces trames ; qu'il dirige les événemens qui se passent dans le canton de Zurich, et que les troubles qui agitent de nouveau cette malheureuse contré, sont dus à son or et à ses intrigues.

Citoyen Premier Consul, je sors peut-être des bornes de mon ministère; mais je dois vous le dire avec la vérité dont vous aimez le langage, la France ne peut pas tolérer qu'une puissance ennemie établisse sur un territoire neutre des agens accrédités, dont la principale mission est de porter la division au sein de la République. Vous êtes à la tête d'une nation assez grande, assez forte, assez brave pour que vous ayez le droit d'obtenir une neutralité absolue. Vous m'avez ordonné constamment de ne pas souffrir que, sur quelque partie que ce soit de notre immense territoire, des conspirations soient ourdies contre aucun des Gouvernemens existans. Et déjà pendant le court espace de temps qui s'est écoulé depuis que l'administration de la police m'est confiée, j'ai plusieurs fois anéanti des machinations qui menaçaient le roi de Naples et le Saint-Siége : j'ai fait poursuivre à Strasbourg les fabricateurs de faux billets de la banque de Vienne. Tous ces faits ont démontré à quel point est sincère votre volonté de mettre les Gouvernemens établis à l'abri de toute espèce de propagandes et de complots. Comment n'auriez-vous pas le droit d'exiger, des états de l'Empire germanique, une entière réciprocité! Comment Munich,

Stutgard, Eitenheim et Fribourg, auraient-ils celui de demeurer le centre des conspirations que l'Angleterre ne cesse de former contre la France et l'Helvétie!

Ces objets méritent toute votre sollicitude, citoyen Premier Consul ; et j'ose vous le dire, parce que cette liberté convient au chef de la justice, la plus sérieuse attention à cet égard fait partie de vos premiers devoirs.

On peut objecter, je le sais, que l'Angleterre, comme puissance amie, est en droit d'entretenir des ministres auprès des électeurs de Bavière, de Bade, de Wurtemberg. Mais la diplomatie anglaise se compose de deux espèces d'agens que tout le continent sait très-bien distinguer. Des ministres tels que *Cornwallis* et *Warens* ne sont jamais accrédités que pour d'honorables missions, pour maintenir la bonne intelligence entre les nations et régler les grands intérêts de la politique ou du commerce ; tandis que les *Wickam*, les *Drake*, les *Spencer-Smith*, sont connus de l'Europe entière pour des artisans de crimes dont la lâcheté se met à couvert sous un caractère sacré.

Je dirai plus, la présence de ces méprisables agens est pénible pour les princes amis de la France, et les cours de Munich et de Stutgard ne pouvaient supporter qu'avec dégoût *Drake* et

Spencer Smith, à qui beaucoup de raisons devaient faire soupçonner une toute autre mission que celle qu'annonçait le titre dont ils étaient décorés.

Sur la demande que vous en avez faite, les électeurs de Bavière et de Wurtemberg ont éloigné de leurs états ce reste impur de Français ennemis de la patrie, dont la haine a survécu aux calamités de la guerre civile et au pardon que vous leur aviez accordé. Qu'ils repoussent également ces artisans de conspirations, dont la mission n'a d'autre but que de ranimer les dissentions intestines en France, et de semer de nouveau la discorde sur le continent. Les peuples nos voisins ne doivent-ils pas redouter autant que nous-mêmes le retour des troubles politiques et de tous les fléaux d'une guerre qui ne seraient profitables qu'à cette nation ennemie de toutes les nations !

Je demande donc avec instance, et tous mes devoirs envers vous, citoyen Premier Consul, m'en imposent la loi, que le cabinet prenne des mesures afin que les *Wickam*, les *Drake*, les *Spencer-Smith*, ne soient reçus chez aucune puissance amie de la France, à quelque titre et sous quelque caractère que ce puisse être. Les hommes qui prêchent l'assassinat, et qui fomentent les troubles civils, les agens de la corruption, les missionnaires de la révolte contre les Gouvernemens établis, sont les ennemis de tous les États, de tous les Gouvernemens : le droit des gens n'existe pas pour eux.

J'ai rempli mon devoir, citoyen Premier Consul, en mettant sous vos yeux les faits qui prouvent que *Drake* et *Spencer-Smith* exercent sur le continent la même mission que celle dont *Wickam* fut chargé pendant la guerre précédente. Votre haute sagesse fera le reste.

Le Grand-Juge Ministre de la justice,
Signé REGNIER.

A Paris, le 20 germinal an XII.

N.º 1.er

RAPPORT de la mission dont j'ai été chargé par le conseiller d'état et préfet du département du Bas-Rhin, près M. Drake, ministre d'Angleterre à Munich.

LE 10 ventôse, après avoir reçu par les mains du préfet du Bas-Rhin les instructions de M. *Müller*, je partis de Strasbourg pour me rendre près de M. *Drake*, ministre d'Angleterre à Munich.

Le 13 j'arrivai à Augsbourg et lui adressai deux lettres dont voici copie :

« MONSIEUR,

» J'ai été chargé par M. *Müller* d'une lettre que je » desirerais vous remettre moi-même; voudriez-vous » bien m'indiquer le jour et l'heure où je vous incom- » moderai le moins!

» J'ai l'honneur d'être, &c. »

Le 17 au matin, voyant que je ne recevais point de réponse, je partis pour Munich. A mon arrivée j'écrivis de nouveau à M. *Drake* la lettre suivante :

« MONSIEUR ,

» Pendant les quatre jours que j'ai resté à Augsbourg, » j'ai eu l'honneur de vous adresser deux lettres : je pense » que vous ne les avez pas reçues puisque je suis sans » réponse. Veuillez, monsieur, me faire savoir l'heure » à laquelle je pourrais espérer de vous remettre moi- » même celle dont m'a chargé M. *Müller* pour vous.

» J'ai l'honneur d'être , &c. »

Aussitôt qu'il eut reçu cette lettre, il me fit dire de me rendre de suite chez lui, qu'il m'attendait.

Je me présentai à M. *Drake* comme aide de camp, chef de bataillon d'un général républicain, et lui remis ma lettre de créance dont voici la teneur :

« MONSIEUR,

» La personne qui vous remettra ce billet est celle » que la compagnie a eu l'honneur de vous adresser par » mon organe, il y a quelques jours.

» Elle a la confiance entière de ceux qui l'envoient, » et je vous prie de vouloir bien regarder ce qu'elle vous » dira comme l'expression sincère de leurs sentimens.

» La commission qui lui sera la plus agréable sans » doute, est celle qu'elle a reçue expressément de vous » témoigner le dévouement de la compagnie : permettez- » moi, monsieur, d'y joindre l'assurance de la haute » considération avec laquelle j'ai l'honneur d'être,

Monsieur,

» Votre très-humble et très-obéissant » serviteur. *Signé* MÛLLER. »

Après la lecture de cette lettre, il me demanda ce qu'il y avait de nouveau en France ; comment les affaires allaient. Je lui répondis que le moment du triomphe pour les jacobins était arrivé ; que tout le monde avait jugé qu'à moins de renoncer à rien tenter contre le Gouvernement, &c., &c. on ne pouvait pas trouver d'occasion plus favorable que celle qui se présentait aujourd'hui. — « Que puis-je faire pour » vous ! parlez ; quelles sont vos vues ! qu'espérez- » vous faire ! Votre général et votre comité ont-ils des

» projets ! » — Voyant le moment favorable, je lui
présentai mon plan (Il est le même que celui consigné
dans la minute de mes instructions) ; après l'avoir lu
trois fois avec attention, il me dit : « Ce plan est très-
» bon ; mais je ne vois pas beaucoup de places fortes
» parmi celles que vous citez : c'est à quoi pourtant
» on devrait le plus s'attacher. » — Je lui nommai la
place d'armes de Besançon et sa citadelle ; je lui re-
présentai que cette ville était très-forte, et que nous
étions certains d'y trouver beaucoup d'artillerie et des
munitions en tout genre. — « Avez - vous des chevaux
» pour votre artillerie ! » — Nous nous en sommes déjà
assurés. — « C'est fort bien ; mais gardez-vous de vous
» presser, ne frappez qu'à coup sûr ; et puis d'ailleurs,
» en cas de malheur, vous pourriez vous retirer dans
» les montagnes du Jura ; vous y trouveriez une re-
» traite assurée, et pourriez vous y défendre long-temps :
» pendant ce temps les autres départemens dans lesquels
» vous avez déjà formé des noyaux, obligeraient à la
» diversion. Après avoir rêvé un instant, il courut cher-
» cher sa carte pour examiner quelle est la ville d'Alle-
» magne la plus proche d'une de celles que nous devons
» occuper, pour être à même, disait-il, de se rapprocher
» de nous, afin de rendre notre communication plus
» prompte, et être plus à portée de nous aider de tous
» ces moyens : ce plan mérite, de ma part, la plus grande
» attention ; je l'approuve très-fort : demain et après-
» demain je m'occuperai d'écrire à votre général, et je
» ne doute pas que vous lui portiez une réponse satis-
» faisante. »

M. *Drake* me parla ensuite de *Pichegru* ; je lui de-
mandai s'il le croyait en France. — Certainement non,

dit-il : « je le connais beancoup, c'est un homme de
» mérite, mais il est trop froid et il a trop d'aplomb
» pour s'être engagé aussi légèrement dans une telle dé-
» marche. Soyez bien assuré qu'il est dans ce moment
» à Londres, et dites le par-tout. Quant à *Georges*, je
» sais très-positivement qu'il ne peut pas être à Paris,
» puisque j'ai reçu des lettres de personnes de Londres
» qui venaient de le voir au moment ou l'on m'écri-
» vait. »

Je lui ai fait part des bruits de guerre continentale
qui ont circulé ; je lui ai peint cet événement comme le
coup le plus terrible et le plusa ffreux pour les jacobins,
puisque cela affermissait à jamais le Gouvernement, &c.,
&c. Il a répondu à cela, « On a de fortes raisons d'es-
» pérer qu'on parviendra à décider la Russie à se pro-
» noncer contre la France. »

Il m'entretint longuement des projets de descente en
Angleterre, et tout en prodiguant beaucoup d'injures
au premier Consul, il me dissimula mal la crainte que
lui inspirait et la descente et le génie entreprenant de
l'armée française.

Il me parla beaucoup de M. *Müller*. — Je lui répondis, d'après mes instructions, que je ne l'avais
jamais vu, &c.; que je savais très-positivement qu'il
était parti pour l'armée des côtes avec une mission très-
importante; — il sourit d'un air satisfait, et me dit : «Lors-
» que j'appris l'arrestation de *Moreau*, j'écrivis de suite
» à M. *Müller* de se rendre près de moi, avec recom-
» mandation de lui faire parvenir ma lettre par-tout
» où il se trouverait, parce que je jugeai que cette
» circonstance serait favorable ; je ne conçois pas ce
» retard : je suis pourtant certain qu'il est en Allemagne,

» magne, car un de mes amis m'écrit qu'il l'a vu, qu'il
» lui a parlé; enfin, je l'attends tous les jours, j'espère
» le voir bientôt.

— Je suis bien aise de vous dire que ce C.ᵉⁿ *Müller*,
ne jouit pas de la plus grande confiance; il va rare-
ment au comité; on se plaint amèrement de ce qu'il
ne s'ouvre pas assez. — En cela, je vous prie de dire à
» votre général, qu'on a tort de lui en vouloir : lorsque
» je l'envoyai en France, ce n'était absolument que
» pour lier une correspondance, mais non pas pour y
» rester, comme il a fait; car il y a plus de deux mois
» qu'il devrait être de retour : il m'a aussi écrit tout ce
» que vous me dites-là, même plus, que le comité l'avait
» accusé d'avoir reçu des fonds pour un autre comité
» révolutionnaire; je vous assure que je ne connais pas
» d'autre comité. Si je n'ai pas fait passer davantage de
» fonds, c'est que je vous avoue franchement que je ne
» voyais pas très-clair dans les projets de votre comité :
» il y a quelque temps qu'on m'écrivit qu'on pouvait
» insurger quatre départemens; que j'aie, moi, à leur
» envoyer un plan : je vous demande s'il eût été raison-
» nable que je le fisse, ne connaissant pas leurs moyens
» et ce qu'ils pouvaient mettre à exécution; aujourd'hui,
» c'est différent, j'y vois clair; aussi je m'emploierai
» bien volontiers à vous donner tous les secours pécu-
» niaires qui sont à ma disposition; vous pouvez compter
» sur moi; ainsi vendredi à quatre heures, venez dîner
» avec moi, et vous trouverez vos dépêches toutes
» prêtes.

Vendredi je me présentai de nouveau chez M.
Drake: il me reçut avec l'accueil le plus gracieux : « Vos
» affaires sont prêtes, j'ai écrit à votre général; je pense

B

» qu'il sera très-content de moi : l'écriture n'est pas
» apparente ; mais je présume que votre général en a la
» recette ; s'il ne la connaissait pas, M. *Mûller* la lui
» donnerait. Vous lui recommanderez encore de ne pas
» trop se presser, car mon premier avis était d'attendre
» que *B.* fût parti pour Boulogne, et sur le point de
» s'embarquer. Vous ferez sentir à votre général la né-
» cessité qu'il yaurait à s'emparer de l'Alsace, princi-
» palement d'Huningue et de la citadelle de Strasbourg ;
» ah ! si vous pouviez avoir Huningue et la citadelle
» de Strasbourg, quel coup ! je pourrais me rapprocher
» de vous, et vous donner de suite des secours
» pécuniaires ; point de retard dans nos opérations,
» nous agirions de concert, et cela irait infiniment
» mieux : il serait aussi bien important d'avoir un gros
» parti à Paris ; car sans cela le reste n'est rien. Il faut
» vous défaire de *B....* (J'avoue que je craignis en ce
moment de me trahir par la vive indignation qui m'a-
gitait.) Il continua: «C'est là le moyen le plus sûr d'a-
» voir votre liberté et de faire la paix avec l'Angleterre.
» Une chose que je recommande encore à votre géné-
» ral, c'est de remuer tous les partis. Tout doit vous être
» également bon, royalistes, jacobins, &c. &c., excepté
» les amis de *B...*, à qui il ne faut pas vous fier, de
» crainte d'être trahis : il faut aussi que votre général se
» méfie des proclamations que le Consul ne manquera
» pas de faire circuler, lorsque vous aurez commencé
» votre insurrection ; il dira que tels ou tels départe-
» mens se sont un peu insurgés, mais que cela est déjà
» dissipé, et cela pour effrayer les autres départemens
» et les empêcher d'agir ; car voilà comme on éteignit
» la guerre de la Vendée. On fit courir le bruit que

» *Georges* était arrêté, tout le monde rentra dans l'ordre;
» et on va faire de *Pichegru*, comme on fit avec *Geor-*
» *ges;* car quoique la gazette d'aujourd'hui annonce
» son arrestation, je n'en crois absolument rien : on
» peut arrêter un malheureux, et dire c'est *Pichegru.*

» Il est important que vous disiez à votre général
» qu'il m'indique le plutôt possible une ou deux villes
» dans lesquelles je pourrai envoyer des personnes de
» confiance; elles auront des fonds à la disposition de
» votre général : lorsqu'il en aura besoin, il enverra
» quelqu'un avec une carte de celles que je lui envoie
» (elles sont numérotées jusqu'à quatre). On pourra
» remettre à-la-fois deux ou trois mille louis; c'est je
» crois l'or qui lui conviendra le mieux; car je ne pourrai
» pas lui envoyer du papier sur Paris, sans donner lieu
» au soupçon. Vous lui remettrez ces quatre lettres de
» change montant à 9,990 fr., ou 10,114 liv. 17 s. 6 d.;
» c'est tout le papier que j'aie pu me procurer sur Paris.
» Je viens d'écrire à M. *Smith*, à Stutgard, pour qu'il
» s'occupe à ramasser de son côté le plus de fonds qu'il
» pourra (vous remettrez vous-même la lettre à la poste
» à Kanstadt), afin que les opérations ne languissent
» pas faute d'argent; si cependant vous voulez attendre
» jusqu'à mercredi, vous pourrez emporter avec vous
» une somme plus considérable. » —Je lui répondis
que mon général m'avait expressément ordonné de revenir de suite, et qu'il m'était impossible d'attendre. —
« Si votre général vous envoie encore une fois, ou qu'il
» envoyât quelques autres personnes, vous lui direz qu'il
» les adresse chez moi directement. Il y aura toujours
» un logement de prêt. Je me suis logé hors la ville

B 2

» à dessein; car je suis ici entouré d'espions : on épie
» toutes mes démarches. »

—A propos, repris-je, j'oubliais de vous dire que le bruit
court ici que vous devez quitter cette ville, pour retourner
en Angleterre; vous êtes, dit-on, rappelé par votre
Gouvernement : je vous avoue que cette nouvelle m'a
beaucoup affligé. — « Il est vrai qu'on le dit: mais voilà
» ce qui a donné lieu à ce bruit. Il y a quelque temps
» que j'ai fait meubler ma maison, j'ai demandé à mon
» tapissier l'inventaire des meubles qu'il m'a fournis, et
» on a cru que j'allais partir : mais rassurez-vous, mon
» ami, il n'en est rien ; cette nouvelle est fausse. »

Il m'a fait sortir par une petite porte dérobée; il
est venu m'accompagner jusqu'à la porte de la ville,
en me disant qu'il espérait avoir bientôt des nouvelles
de mon général.

Telles sont les expressions dont s'est servi M. *Drake,*
dans la conversation que nous avons eue, relativement
à ma mission.

Le plan ou lettre de M. *Drake* écrit en encre sympathique, la lettre qui m'a été adressée sous le nom de
Lefebvre, le reçu du maître de poste de Kanstadt, de la
lettre adressée à M. *Smith* à Stutgard, les quatre lettres
de change et le même rapport, ont été remis au préfet.

Strasbourg, le 25 ventôse an 12.

Signé R O S E Y,

*adjudant - major , capitaine au
9.e régiment d'infanterie de ligne.*

N.º 2.

RAPPORT de la mission dont j'ai été chargé par le conseiller d'état et préfet du département du Bas-Rhin près M. Francis Drake, *ministre de l'Angleterre à Munich.*

LE 4 germinal j'arrivai à Munich à six heures du soir, et fus descendre chez M. *Drake,* ministre d'Angleterre : il me logea chez lui, dans une chambre au rez-de-chaussée au-dessous de son appartement, comme nous en étions convenus lors de notre première entrevue; tout jacobin que j'étais censé être, il me reçut avec des démonstrations affectueuses; je lui remis la lettre de mon prétendu général, en l'engageant à y répondre de suite, ce qu'il fit le lendemain. Cette réponse présentant pour ainsi dire tous les principaux détails de notre entretien, je me bornerai à donner le résultat succinct de notre communication.

M. *Drake* me demanda ce qu'il y avait de nouveau en France, comment allaient les affaires : je lui répondis que jamais événemens n'avaient été plus favorables pour nous; que les arrestations qu'on avait exercées sur différens royalistes avaient jeté un voile impénétrable sur nos projets secrets, et que nous nous étions réjouis de voir qu'aucun jacobin n'avait été arrêté, &c. &c.

« Je crois comme vous, me répondit M. *Drake,* que » vous êtes à l'abri de tout soupçon, et je ne doute » pas que vous dirigiez vos coups avec plus de sûreté : » mais ressouvenez-vous de recommander à votre gé- » néral, qu'il est essentiel de réunir tous les partis dans

» les premières opérations qu'il entreprendra ; il est né-
» cessaire qu'il ait à opposer au Consul une masse im-
» posante ; il pourra se servir avec avantage du parti
» royaliste. »

J'observai à M. *Drake* que mon général était parfaitement de son avis, mais que le comité ne pourrait se
résoudre à unir à une aussi belle cause un parti si
contraire à ses principes, &c.

Servez-vous en toujours, me disait-il, en se promenant
dans son jardin ; *et lorsque vous aurez terrassé* B., *il vous
sera très-facile de vous purger de ce qui ne sera pas de
votre parti, comme vous l'avez déjà fait plusieurs fois
dans la révolution.*

Il fallut me ressouvenir de la tâche qui m'était im-
posée et de l'utilité dont ma mission pouvait être à ma
patrie, pour contraindre le sentiment d'indignation au-
quel je faillis me livrer ; je me sentais pressé du besoin
de me faire connaître sous mon véritable nom à ce misérable et de lui demander à l'instant raison l'épée à la
main de tout le mal qu'il osait dire et penser. Toute-
fois je me contins ; la conversation languissait. *Drake*
la reprit bientôt : « Souvenez-vous, me dit-il, d'appuyer
» sur l'idée que je donne dans ma lettre à votre général.
» Il faut promettre une augmentation de solde aux régi-
» mens sur lesquels vous pouvez compter. Je fournirai
» pendant plusieurs mois à cette dépense, et vous pourrez
» ensuite, moyennant les biens que vous confisquerez sur
» ceux qui ne seront pas de votre parti, y subvenir vous-
» même.

» J'aurais desiré que votre général attendît encore
» quelque temps avant de commencer ses premières
» opérations : mais puisqu'il croit que le moment est

» favorable, il est urgent qu'il s'empare de la place
» d'Huningue ; elle n'est pas éloignée du centre de
» vos opérations. Je compte m'installer à Fribourg,
» pour être à portée de vous donner des secours prompts
» et sûrs: quant à la citadelle de Strasbourg, il n'y
» faut plus penser; c'est trop loin.

» Je crois que votre général n'aura pas manqué de
» se faire un parti puissant dans l'armée, pour faire
» opérer une diversion; car sans cela *B.* pourrait vous
» combattre avec avantage. Il faut bien calculer d'a-
» vance tous les moyens qu'il a à vous opposer, afin
» de rendre tous ses efforts inutiles.

» Mais profitez lorsqu'il en sera temps du trouble
» où sera plongé le reste de ses partisans. Écrasez-les
» sans pitié : la pitié n'est pas de saison en politique. »

M. *Drake* insista beaucoup sur ce que mon général
lui envoyât de suite M. *Müller.* « Il m'est indispensable-
» ment nécessaire. J'en ai besoin pour qu'il me mette au
» courant, et qu'il ne fasse connaître ceux qui sont de
» votre parti; car sans cela je ne me trouverais pas à
» même de me justifier auprès de mon gouvernement,
» qui voudra connaître le nom des principaux person-
» nages, lorsqu'il sera question de sommes aussi considé-
» rables que celles qu'il faudra vous donner. J'insiste donc
» pour que votre général m'envoie M. *Müller.* »

M. *Drake* me remit une somme de 74,976 livres en
or : « c'est tout ce que je peux faire pour vous dans ce
» moment-ci, me dit-il; mais je vous adresse à M. *Spen-*
» *cer-Smith* à Stutgard, qui vous remettra une plus forte
» somme. Je vous donne une lettre pour lui, et un passe-
» port comme courrier d'Angleterre chargé de nos dé-
» pêches pour Cassel; comme cela vous ne serez pas

» obligé de vous présenter chez l'envoyé français , qui
» épie jusqu'à nos plus petites démarches : vous ne direz
» rien du tout à M. *Smith* de ce qui se passe entre nous;
» vous pourrez cependant satisfaire sa curiosité sur les
» nouvelles de France. »

Je pris donc congé de M. *Drake* le lundi 5 courant ;
je montai dans une voiture de poste qui me fut amenée
à la porte de son hôtel à dix heures et demie du soir,
et m'acheminai vers Stutgard. J'arrivai dans cette ville
le mercredi 7 à une heure et demie de l'après-midi
avec le caractère de courrier d'Angleterre. Je fus loger
à l'auberge du Cor-de-chasse d'or; je me fis conduire
par un garçon de la maison chez M. *Spencer-Smith*, où
je me fis annoncer sous le nom de *Lefebvre*. Il me reçut
d'abord avec méfiance et l'accueil le plus froid ; je lui
remis la lettre de M. *Drake*. Il ne m'eut pas sitôt connu,
qu'il me combla d'honnêtetés: il me pria de l'excuser de
ce qu'il m'avait si mal reçu ; « c'est que, me dit-il, je
» ne suis pas du tout en sûreté ici, je vous assure. De-
» puis quelques jours, je ne reçois personne que le pistolet
» à la main; je ne suis pas sur un lit de roses, tant s'en
» faut; je me regarde comme un avant-poste, et je vous
» atteste que si *B.* demandait à l'électeur de Wurtemberg
» mon arrestation (malgré que son épouse soit une prin-
» cesse d'Angleterre), il me livrerait sans me faire
» prévenir : car déjà il se doute de ce qui m'occupe ici et
» il craint que cela ne le compromette avec le Consul. »

Il s'informa avec beaucoup d'intérêt des affaires de
France, et il me dit que l'arrestation du duc d'*Enghien*
l'avait fortement déconcerté; qu'il prenait une grande
part au malheur de *Pichegru* ; que l'Angleterre avait avec
raison fondé de grandes espérances sur la mission d'un

homme aussi populaire que habile. « Je le connaissais
» beaucoup, me répéta-t-il avec une très-forte émotion ;
» j'étais au fait, parce que c'est le lieutenant de mon frère
» qui l'a débarqué sur la côte de France. J'avais même
» espéré qu'il parviendrait à s'échapper ; il n'y faut plus
» compter, puisqu'il paraît certain qu'il est arrêté. »

Il me pria instamment d'écrire une lettre, à mon
passage à Strasbourg, à Mme *Franck*, banquier, pour
l'inviter à lui faire parvenir de suite toutes les lettres
qu'elle aurait reçues à l'adresse du baron d'*Herbert*,
» officier allemand ; elle pourra me les faire passer sous
» le couvert factice de M. le fils de Georges - Henri
» *Keller*, banquier à Stutgard. J'attache le plus grand
» prix à les recevoir ; il doit y en avoir de *Pichegru* :
» il me pria aussi de m'informer de Mme *Henriette de*
» *Tromelin* dont il avait connu le mari à Constanti-
» nople. Cet émigré devait être en ce moment aux en-
» virons de Brest.

Il eut l'extrême bonté de m'apprendre que son nom
de guerre était *Leblond* ; et il parut tirer vanité de la
réputation d'intrigue qu'il assurait avoir donné à ce
nom là.

Ce M. *Smith* a pour secrétaire M. *Pericaud*, secrétaire de l'ancien évêque de Séez ; cet émigré m'entretint long - temps de ses jérémiades ; il me fatigua
par toutes les horreurs qu'il débita sur le chef de la
nation française ; il me parut fortement inquiet et agité.
« M. *Spencer-Smith*, me dit-il, est ministre ; et moi,
» comme émigré, je n'ai rien à alléguer. La police de
» France pourrait me faire arrêter comme les émigrés
» qu'on a enlevé à Ettenheim, ou comme l'évêque de
» Châlons dont on a obtenu l'arrestation à Munich. »

M. *Drake*, M. *Spencer-Smith* et M. *Péricaut* ne m'ont pas laissé ignorer qu'ils s'ennuieraient beaucoup à Munich et à Stutgard sans l'occupation que leur donnent les affaires de France. Ils se vantent de pouvoir tirer des sommes considérables sur le gouvernement anglais. « Donnez confiance à vos amis , me dit M. *Spincer-* » *Smith ;* voilà des lettres de change pour 113,150 liv. » Je leur ferai passer ce dont ils auront besoin; mais, » par Dieu, qu'ils frappent ferme. » En prononçant ces dernières paroles, il me présenta une paire de pistolets de la manufacture d'armes de Versailles. Puis, il me dit : « Vous pourrez vous en servir avec avantage; avec de » petits amis semblables, on ne manque jamais. » Je fus un instant à hésiter avant de les recevoir ; mais enfin je sentis la nécessité de ne point quitter mon rôle et d'achever ma mission. Je me considérai comme un officier de génie ou d'artillerie, qui va, déguisé, faire une reconnaissance dans une place ennemie. Tous les masques lui sont bons; il étouffe sa sensibilité et il ne voit que l'ordre de son général et le but de sa mission.

Il devait aussi me remettre une somme en or : tout était arrangé pour cela : mais au moment où il allait me la donner, il reçut le journal de Manheim; et dans ce journal on lisait un extrait du Moniteur et de la correspondance de M. *Drake :* M. *Smith* hésita, et je me gardai bien d'insister.

J'étais encore chez M. *Smith ,* lorsqu'un nommé *Leinhard*, émigré à la solde de l'Angleterre, vint demander, au nom de ses camarades éplorés, secours et protection : « On ne veut plus nous souffrir dans l'élec- » torat de Bade; on nous chasse de par-tout, et nous » ne savons bientôt plus où nous réfugier. »

Le ministre anglais crut pendant quelques instans que c'était un agent français envoyé par la police, avec des papiers trouvés sur des personnes arrêtées, qui venait pour le confesser et tirer de lui quelques éclaircissemens.

Je ne pus m'empêcher de lui dire en riant, qu'il devait se tenir en garde contre de pareil émissaire, et qu'il était vraisemblable que la police de Strasbourg lui en enverrait dont il ne se défierait pas. « Oh! oh! dit-il; » je n'en suis pas à mes preuves, et je les attends de pied » ferme. »

Ce sont absolument les expressions dont se sont servis les ministres d'Angleterre dans ma conversation avec eux.

Je pris congé de M. *Spencer-Smith* le 9 du courant; il m'envoya chercher des chevaux de poste, qui me furent amenés par un de ses domestiques, et attelés à ma chaise à quatre heures après midi. Je fus rendu à Strasbourg le lendemain 10, et continuai ma route pour Paris, où j'arrivai le 14.

J'essaierais vainement de peindre les sentimens de haine et la fureur dont ces monstres sont animés contre notre patrie. Ils ne respirent que pour nous voir armés les uns contre les autres. Il n'est pas de métier vil ou atroce dont ils ne soient capables : mais en même temps, il serait difficile de trouver des gens plus lâches. L'ombre d'un brave homme les ferait rentrer sous terre. Ils passent leur vie à tramer des complots ; et par un effet naturel et une juste punition du crime, ils se croient sans cesse environnés d'embûches et de dangers. Soit que dans ces cours amies de la France, et qui ont des obligations si essentielles au Premier Consul, on ne les voie pas d'un œil favorable; soit qu'ils aient été devinés par

les habitans des villes où ils résident, et qu'ils s'aper-
çoivent que l'opinion leur est contraire ; soit enfin qu'une
voix intérieure leur dise sans cesse que l'homme qui ne
respecte rien, n'a droit à aucun respect, ils ont l'air
courbé sous le poids du mépris public, et déjà flétris de
l'opprobre ineffaçable qui doit s'attacher à leurs noms.

Signé R O S E Y,
Adjudant-major au 9.e Régiment
de ligne.

N.º 3.

Copie du Passe-port donné par Francis Drake,
à M. Lefebvre.

N O U S *Francis Drake*, envoyé extraordinaire et
ministre plénipotentiaire de sa majesté britannique
auprès de son altesse sérénissime l'électeur palatin duc
de Bavière, et son ministre plénipotentiaire auprès de
la diète de Ratisbonne,

Prions tous les gouverneurs, commandans de villes
et officiers tant civils que militaires, non-seulement
de laisser passer librement M. *Lefebvre*, allant d'ici à
Cassel, chargé de nos dépêches, sans lui donner ni
permettre qu'il lui soit donné empêchement quelconque,
mais de lui prêter toute l'aide dont il pourra avoir besoin
dans sa route.

Donné le présent à Munich, ce 26 mars 1804,
que nous avons signé, et y avons fait apposer l'em-
preinte de nos armes.

Signé FRANCIS DRAKE.

Valable pour huit jours.

Au dos est écrit :

Le courrier çi-dedans mentionné, reçu à Stutgard, ce mercredi 28 mars 1804, à midi; réexpédié le....

Gratis. *Signé* SPENCER-SMITH,

N.° 93. Extérieur.

H. B. M's. Envoy extraordinary.

N.° 4.

Désignation des quatre lettres de change données au C.ᵉⁿ Rosey, par M. Spencer-Smith.

1.° Une lettre de change de 30,000 florins, signée Georges-Henri *Keller* fils, n.° 4334, tirée sur *Metzler* et compagnie, à Francfort, payable à huit jours de vue.

2.° Autre de 6,600 écus de Brabant, à 2 florins 42 kreutzers, signée Jacob *Kaulla*, n.° 2944, sur Zurich, payable à quinze jours de date, par Jean-Gaspard *Eschen* fils.

3.° Autre de 4,400 écus de Brabant, *idem, idem.*

4.° Autre de 24,000 liv. tournois.

N.° 5.

Copie de la lettre de M. Francis Drake.

N.° 10. Triplicata. Munich, 10 mars 1804.

MONSIEUR;

Il est nécessaire de vous informer que le commis de la poste ici, a trouvé bon de renvoyer cinq de vos lettres; savoir:

Deux arrivées de Kell le 3 de ce mois, renvoyées à Kell.

Une arrivée de   le 6 d.º d.º

Une arrivée de Cassel le 7 d.º, renvoyée à Cassel.

Une arrivée de Francfort le 7 d.º, renvoyée à Francfort.

Je vous en dirai la raison à votre arrivée ici. En attendant, je vous écris ce peu de lignes que j'adresse à chacun des trois endroits susmentionnés, dans l'espoir qu'elles pourront vous parvenir assez à temps pour vous mettre à même de retirer ou faire retirer les susdites cinq lettres ; après quoi, je vous prierai de vous rendre ici avec toute la célérité possible.

Croyez moi avec la considération la plus parfaite,

 Monsieur ,

   Votre très-humble et très-obéissant serviteur ,

    Nota manus.

Mettez dorénavant vos lettres à l'adresse de l'abbé Dufresne.

N.º 6.

COPIE de la lettre de M. Francis Drake.

Le 27 Mars 1804.

MONSIEUR,

J'ai bien reçu votre lettre du 18 ; par votre aide-de-camp, qui est arrivé ici avant-hier au soir.

Je suis bien charmé d'apprendre que le comité soit d'accord avec moi, quant à l'idée de réunir tous les mécontens, sous quelques enseignes qu'ils aient marché jusqu'ici ; et comme les vues que vous annoncez sont entièrement conformes aux miennes et me paraissent devoir parfaitement remplir l'objet de cette conduite, je n'ai pas besoin de m'étendre davantage sur ce point.

Je suis de plus en plus convaincu de l'extrême importance du poste d'Huningue pour vos opérations, puisque si les autorités constituées de *Bonaparte* et le militaire, qui se trouvent entre la ligne principale de vos opérations et la frontière de Suisse ou d'Allemagne, sont *contre vous*, il vous sera extrêmement difficile de tirer les secours pécuniaires de Fribourg et de les faire arriver à Besançon, puisque, dans un pareil moment d'alarme et d'embarras, il est à présumer que les routes seront obstruées, et qu'aucun voyageur ne pourra passer. La communication la plus courte avec Fribourg sera de Belfort, qui est sur la droite de la ligne que vous vous proposez d'occuper, en passant ou par Bâle et la frontière de la Suisse, ou par la frontière de l'Alsace : or, si vous trouvez des ennemis sur l'une ou l'autre de ces frontières, le passage deviendrait impraticable pour vos envois. Sous ce point de vue donc, la possession d'Huningue me paraît indispensable, puisque vous n'aurez par-là que le Rhin à passer pour arriver sur la rive droite de ce fleuve ; passage qui vous sera assuré, puisqu'il se trouve sous le canon même de la ville d'Huningue. Mais si vous croyez que l'entreprise sur Huningue pourrait manquer ; si même vous n'êtes pas à-peu-près sûr qu'elle réussira, je ne voudrais pas qu'elle fût tentée, parce qu'il est *de la dernière importance, je dirai même de la dernière nécessité, qu'aucune de vos premières opérations ne vienne à manquer ,* puisqu'un pareil contre - temps jetterait de la défaveur sur tout votre projet, encouragerait le Gouvernement actuel, ferait naître l'idée à vos amis et à vos ennemis, que vos moyens sont faibles, exciterait peut - être des doutes parmi vos partisans, et découragerait ceux qui seraient disposés à se joindre à vous. Il se peut encore que vous regardiez Huningue comme un peu trop éloigné du siége principal de vos opérations, et il faudra bien se garder de vous affaiblir en donnant *trop d'étendue* à votre ligne.

Il est fort à desirer, si cette entreprise se fait, qu'elle se fasse entièrement du côté de la France ; et je ne vois pas même comment vous pourriez le faire du côté de l'Allemagne, puisque, dans ce cas, il faudrait passer le Rhin deux fois. Vous êtes apparemment dépourvu de pontons et de bateaux ; et comment passeriez-vous cette rivière ! Il faut de toute nécessité entrer dans la ville par les portes de France ; et je ne peux pas deviner quelle utilité vous pourriez tirer du passage de vos gens sur le territoire d'Allemagne. Au reste, je ne peux pas vous conseiller de commencer vos opérations par une violation de territoire.

Ce sera donc à vous et au comité à peser tous les avantages et tous les inconvéniens de cette entreprise, soit qu'elle réussisse ou qu'elle ne réussisse pas, et je ne doute pas que votre décision sur ce point important ne soit pour le mieux. Mais dans le cas que vous vous décidiez *à ne pas la tenter ,* il faudrait alors penser à s'assurer d'une autre voie *sûre* de communication avec Fribourg.

Quant aux pays qui environnent les villes que vous
m'avez

m'avez indiquées, je n'ai pas besoin de vous faire observer que leur occupation demandant la présence d'une partie de vos forces, il ne serait pas convenable de vous affaiblir en faisant des détachemens pour cet objet, qu'autant que ces pays seraient absolument nécessaires à la marche de vos principales opérations militaires, soit par les positions ou par les secours en approvisionnemens qu'ils offrent.

Il ne faut pas penser à la citadelle de Strasbourg; elle est trop éloignée du pays où vous agirez, et d'ailleurs il ne nous faut pas entreprendre au-delà de nos moyens.

Pour ce qui regarde le moment propice pour commencer votre attaque, j'aurais desiré qu'il fût différé de quelques semaines, afin que j'eusse plus de temps pour faire les dispositions nécessaires de mon côté; mais je sens vivement la force des motifs qui vous engagent à agir promptement et sans délai, et je suis entièrement d'accord avec vous que, si vous laissez sacrifier *Moreau* à la haine et à la jalousie du Premier Consul, vous perdrez par-là l'assistance de ses nombreux partisans. Je vous conjure cependant de ne pas vous montrer le moins du monde, avant que vos mesures ne soient toutes préparées et en règle. Tout doit être calculé, combiné et arrêté d'avance, afin que, le masque une fois levé, on n'erre pas à l'aventure, que chacun sache exactement son poste et ce qu'il a à faire, et que le premier coup parti, on agisse d'abord par-tout (et sur-tout à Paris même), pour ne pas laisser au Gouvernement le temps de se remettre de sa première stupeur.

Quoique vous ne me parliez pas des progrès que

C

vos agens ont faits dans leurs tentatives pour gagner des partisans dans l'armée, je dois supposer que ces tentatives ont complétement réussi, et que vous vous êtes *assuré* d'une puissante diversion de ce côté-là, puisque, sans cet aide, vos opérations seront bornées à faire insurger trois ou quatre départemens, ce qui ne pourrait guère réussir *à la longue*, en supposant que le Premier Consul conserve assez de pouvoir sur ses troupes, pour les faire marcher contre vous. Votre aide-de-camp cependant m'assure que toutes les mesures sont déjà préparées à cet égard; et dans le cas qu'elles soient déjà suffisamment mûries, on pourrait en augmenter l'effet, en proposant aux soldats un petit surcroît de paye au-delà de ce qu'ils reçoivent du Gouvernement actuel.

J'ai reçu votre lettre du 15 de ce mois, dans laquelle vous m'annoncez la réception des 10,114 l. 17 s. 6 d. que je vous ai envoyés le 9, et je vous envoie présentement la somme de 14,976 liv. [603 louis d'or à 24 liv., 42 ducats à 12 liv.]; que votre aide-de-camp vous remettra. C'est tout ce que j'ai pu trouver ici, soit en louis d'or, ducats, ou lettres de change; mais il est adressé à Stutgard, où il trouvera, à ce que j'espère, le complément, ou à-peu-près, de la somme que vous demandez. Il est très-instant que je sois instruit *sur-le-champ* du moment que vous aurez fixé pour commencer vos opérations, et des *époques précises* quand des secours ultérieurs vous seront nécessaires, ainsi que du montant de ces secours, afin que j'aie le temps de prendre mes mesures pour en faire la provision, et que les opérations ne languissent pas faute d'alimens. Vous pouvez m'envoyer le citoyen *Müller* avec ces informations, lequel d'ailleurs me sera très-nécessaire, parce que je n'ai personne auprès de moi dont je puisse disposer dans les incidens qui pourraient survenir à chaque instant. Je vous prie donc très-instamment de faire partir ledit citoyen le plûtôt possible, en le prévenant qu'il doit venir *directement* chez moi. Il fera bien de ne pas amener une voiture avec lui.

Je dois vous prévenir que les bureaux de poste sont tellement surveillés qu'il serait dangereux de se fier trop à ce mode de communication; vous pourrez pourtant écrire de temps en temps par cette voie, en ayant soin que ce qui est écrit en encre ordinaire ne soit pas assez insignifiant pour éveiller les soupçons de ceux qui ouvrent les lettres. Il faut aussi se servir du chiffre que j'ai remis au citoyen *Müller*, à son premier départ d'ici, et écrire assez énigmatiquement pour qu'une découverte n'ait pas lieu dans le cas même qu'on parviendrait à faire ressortir l'encre sympathique.

La personne que vous placerez à Fribourg devra nécessairement être parfaitement instruite de tout ce qu'elle aura à faire pour maintenir la communication. Tous les obstacles et toutes les entraves qui pourraient lui survenir, quant à cet objet, doivent être prévus d'avance, et les moyens préparés pour y remédier; ce sera sans doute une personne qui jouit de la confiance entière du comité. J'ignore s'il trouvera des difficultés à se fixer à Fribourg; mais dans ce cas, il faudrait qu'il se plaçât dans une des petites villes du voisinage (en *Allemagne*), en me donnant avis sur-le-champ de l'endroit qu'il aura choisi. Constance ou Hechingen (surtout la dernière ville), pourrait nous convenir, mais il faut qu'il soit muni de passe-port et qu'il ait quelques motifs *ostensibles* pour son voyage, comme par exemple, celui de commis voyageur d'un négociant en vins ou autre.

Je renouvelle encore mes instances à ce que le citoyen *Müller* soit envoyé ici sur-le-champ. J'espère qu'il aura reçu mon billet du 10 de ce mois, relatif à cinq de ses lettres, qui ont été renvoyées par les officiers de la poste. Deux de celles-ci, datées des 18 et 19 février, me sont parvenues postérieurement de Kehl; les trois autres me manquent encore, et je le prie de les faire retirer, ainsi que ledit billet (en cas qu'il ne l'eût pas reçu), dont je lui ai envoyé une triple copie, à Cassel, Francfort et Kehl. Je lui recommande spécialement de ne pas passer la frontière de France en voyageur, mais à pied.

Recevez, monsieur, les assurances de ma parfaite considération.

A.

N.º 7.

Duplicata.

MONSIEUR,

Nous nous empressons de vous fournir ci-contre l'état des effets que nous nous occupons de vous expédier par voie sûre. En attendant, la présente vous servira d'avis. Toujours privés de vos chères nouvelles, nous avons l'honneur d'être, avec beaucoup d'estime,

Monsieur,

Vos très-humbles et très-
obéissans serviteurs,
LE BLOND et Co.^e

Nous joignons à notre paquet quelques gazettes de nos contrées, qui nous ont paru susceptibles de quelque intérêt chez vous.

LE B.

Liste.

Première qualité.

N. 4.	R. 16.
G. 16.	M. ou R. 20.
F. 34.	G. 31.
L. 15.	F. 15.
P. 43.	M. 4.
H. 47.	F. 18.
K. 20.	F. 34.
G. 31.	G. 17.
M. 50.	R. 56.
G. 21.	M. 14.
R. 45.	

Deuxième qualité.

R. 5.	L. 57.
F. 30.	F. 34.
R. 4.	P. 8.
P. 6.	H. 16.
G. 27.	L. 18.
G. 35.	M. 34.
F. 29.	P. 4.
F. 25.	R. 50.
M. 8.	S. 20.
R. 27.	M. 13.

C 3

Suite de la Liste d'autre part.

Troisième qualité.

P. 13.		R. 20.
M. 13.		P. 33.
G. 33.		F. 29.
F. 21.		F. 1.
L. 52.		F. 13.
B. 26.		M. 14.
L. 15.		P. 14.
G. 15.		G. 15.
P. 16.		H. 17.
P. 13.		P. 11.
N. 16.		E. 29.

Quatrième qualité.

N. 44.		L. 21.
G. 15.		G. 31.
R. 45.		N. 16.
N. 49.		F. 26.
F. 25.		F. 16.
P. 1.		G. 41.
L. 8.		M. 4.
F. 21,		M. 20.
F. 29.		G. 28.
R. 15.		F. 55.

La suscription de cette lettre est ainsi conçue :

Stutgard.

A

M. C. P. *Lelièvre*, chez M. N. *Osy*, fils, et compagnie, négocians,

à

Rotterdam,

Hollande.

N.º 8.

Extrait d'une lettre de Londres, du 26 décembre 1803 (1).

VOUS connaissez, mon ami, les rapports de confiance et d'amitié qui me lient avec *Corbini* (Sydney-Smith) et toute sa famille ; le frère cadet (Spencer-Smith) est ministre plénipotentiaire à la cour de Stutgard, où il sera rendu au mois de janvier prochain. Il m'a demandé un secrétaire de confiance : je compte lui envoyer l'abbé *Pericaud. Leger* qui connaît le frère de *Corbini* (Spencer Smith) desirerait que je pusse lui faire adresser une fois la semaine, directement de France, un extrait des bulletins de *Pain* (M. Hammon, sous-secrétaire d'État) qui le mettrait au fait de tout ce qu'il serait bon qu'il sût, pour bien remplir la mission qu'il espère pouvoir rendre, dans peu, très-intéressante à son pays et à notre cause, à cause de son voisinage des frontières de France, et *où il compte renouveler plus utilement le rôle de Wickam.* Il m'a provisoirement laissé trois adresses auxquelles on peut lui écrire en bleu (car je l'ai mis au fait de cette manière d'écrire), jusqu'à ce qu'il puisse m'en donner d'autres quand il sera établi sur les lieux ; ces deux adresses sont : 1.º à M. le baron *Jean de Herbert*, officier allemand, chez M. le fils de *Keller*, banquier à Stutgard ; 2.º *idem*, chez M. *Frank*, banquier à Strasbourg : vous jugerez s'il ne serait pas plus convenable de mettre la

____

(1) Cette lettre est écrite par l'abbé *Ratel*, l'un des complices du 3 nivôse.

lettre avec le nom du baron sous une enveloppe, avec un des deux noms des banquiers. Le frère de *Corbini* (Spencer-Smith), m'a instamment prié de tâcher de lui procurer, par l'entremise de mes amis de Paris, des renseignemens sur *Didelot*, qui est passé de la place de préfet du palais à celle de ministre plénipotentiaire de *Dupré* (Bonaparte) à la cour de Wurtemberg. Comme il va se trouver tous les jours en face de *Didelot*, comme il s'attend à en être espionné, il lui est bien important de connaître à fond cet homme, c'est-à-dire, son caractère, son genre d'esprit, sa façon de penser, ses qualités, ses moyens et le rôle qu'il a joué dans la révolution, &c. S'il était possible d'étendre les renseignemens à ses secrétaires d'ambassade, le frère de *Chambry* (Sidney-Smith) n'en connaîtrait que mieux les hommes à qui il doit avoir à faire.

N.º 9.

COPIE de deux Lettres écrites d'Angleterre, à l'Agent établi à Abbeville.

Du 26 décembre 1803.

CETTE lettre, mon bon et cher ami, doit être portée par *Pruneau* (1), qui va se rendre à bord du cutter qui m'est revenu pour la sixième fois sans avoir réussi ; le capitaine assure avoir passé quatre heures entières dans la baie, la nuit du 15 au 16 décembre, et n'avoir aperçu qu'une lumière au Tréport ; même il a ajouté que la mer

____

(1) *Pruneau*, (inconnu quant à présent).

était mauvaise : il est reparti le 21 pour ne revenir que le 25 ou 26 : s'il n'a pas encore réussi, *Pruneau* s'embarquera et ira lui-même montrer le point de la baie. Il est bon que *Lepage* (Le Clerc) sache que *Boutin* (Right, aide-de-camp du commodore) n'est plus chargé de ma correspondance, parce qu'il est employé à d'autres opérations sous la direction de *Jabineau;* mais *Dumoulin* (Right, aide-de-camp du commodore) se sert, à ce qu'il paraît, du Tréport de temps en temps. *Sallin* (M. Hammon) a eu la bonté de me confier que *Laurent* (le capitaine Wirght) avait touché au Tréport le 7 de ce mois; mais que la neige qui couvrait le rivage avait empêché les hommes de terre de venir à lui pour l'échange des paquets, dans la crainte que les traces de leurs pas ne décélassent le point de communication : l'on s'est en conséquence donné un rendez-vous du 13 au 20 suivant. Il a eu lieu le 23 ; j'en ai eu la certitude par *Pain* (M. Hammon) lui-même, qui m'a dit avoir eu des dépêches par-là, et qui était désolé, par l'intérêt et l'amitié qu'il porte à *Duflour* (Le Moine ou Ratel), que ses amis n'eussent pas profité de l'occasion pour lui envoyer ses paquets. J'attends avec impatience *Laurent* (le capitaine Wright), qui doit arriver ici incessamment, pour avoir l'explication de cet étrange fait, qui m'a confondu sous tous les rapports. Je présume que *Dumoulin* (Right, aide-de-camp du commodore), pour ne pas faire de tort à mon capitaine, et pour ne pas l'humilier, n'aura pas voulu se charger de mes paquets. Il est dur d'être sacrifié à de pareilles considérations ; mais il est bien important, mon ami, que vous sachiez et que vous me mandiez tout ce qui s'est passé au Tréport; cela doit vous donner la mesure de la

confiance que *Dufour* (Le Moine) (1), doit avoir
envers les Tréportiens, et le faire juger s'il doit encore se servir de ce point de correspondance : il est
bon d'observer cependant que *Laurent* (le capitaine
Wright) n'en a eu connaissance, et qu'il n'en a fait
usage que d'après ce que *Turpin* (Le Moine), *Hutin*
(La Besace) (2), et les quatorze, lui en ont dit et mon-
tré; ainsi le point est bien à nous , et nous ne devons
pas souffrir patiemment qu'on nous le souffle. Je ne
m'opposerais pas à ce que *Dumoulin* (Right, aide-de-
camp du commodore) s'en serve , pourvu que ce soit
avec notre agrément, et qu'il voulût en même temps
se charger de nos paquets; voilà au reste, mon ami ,
l'état des choses. Quand j'aurai vu *Laurent* (le capitaine Wright) et quand *Lepage* (Bailly) (3) m'aura écrit
à ce sujet, je serai plus en état de me déterminer ; au
surplus *Pruneau* va aller sur les lieux avec le bâtiment
que le Gouvernement a mis à mon entière disposition;
il emmenera *Michel* que *Pain* (Hammon) va forcer
Boutin (Right) de nous rendre. Vous pouvez juger de
là si je suis soutenu par le Gouvernement : jamais aucun Français n'y a eu autant d'accord et de confiance.
Le ministère est satisfait au-delà de ce que je pourrais
exprimer, des dépêches que je lui ai remises. D'après
ce que *Pruneau* m'a rapporté de la part de *Dufour*

____

(1) C'est l'abbé Ratel, qui à Londres porte le nom de
Le Moine.

(2) *La Rose*, échappé aux recherches à Boulogne, dans
le mois de fructidor an 11.

(3) C'est *Leclerc*, ancien professeur au séminaire de Saint-
Marcel : c'est l'agent qui était établi à Abbeville.

(Le Moine) (1), j'ai promis qu'elles deviendraient plus in-
téressantes par la suite. Cette annonce a fait le plus grand
plaisir. Il n'y a qu'une chose qui peine et qui chagrine,
c'est l'incertitude et l'inexactitude des arrivées; j'espère
au moins que *Denis* (Lacote) nous fera des envois
exacts par la Hollande : je sens comme vous, mon
ami, que la Hollande est moins favorable que la côte
de France, et qu'il ne faut pas négliger l'une pour
l'autre; mais comme la première a l'avantage de l'exactitude et de la certitude du service, je pense que sous
ce rapport elle doit être autant soignée que possible....
D'après tout cela, mon ami, n'épargnez rien, tant
pour ajouter de l'intérêt à la correspondance, que pour
assurer sa prompte et exacte arrivée tant par la France
que par la Hollande; les fonds ne nous manqueront
pas, et soyez certain que je ne perds et ne perdrai
jamais de vue le sort futur de *Gemefroid* (Bailly) et
de tous ceux qui le secondent; pour peu que ceci dure,
ni lui ni eux n'auront rien à redouter pour l'avenir,
quelle que soit l'issue de la lutte actuelle. *Pruneau* m'a
dit que *Léger* (Bailly) était allé à Paris pour activer
nos amis; je connais trop sa prudence et son expé-
rience pour m'alarmer sur cette détermination. Je vous
avoue cependant que je suis impatient d'apprendre
qu'il en est de retour. Je vois que *Julien* (l'Adjoint)
nous est bien plus utile que *Vermell ;* vous pouvez
mettre le premier à la tête de tous, en ménageant cependant l'amour-propre du dernier : tenez-vous donc
pour dit à jamais que *Lepage* (Bailly) est le maître de

(1) Ratel.

faire tout ce qu'il jugera le plus convenable pour le plus grand avantage de notre chose.

Si *Dufour* (Le Moine) avait recueilli quelques renseignemens sur l'agence du roi à Paris, il me ferait plaisir de m'en faire part : dans ma prochaine lettre, je l'instruirai en détail de la mauvaise boutique qu'il y a ici. Je voudrais bien qu'*Hector* pût nous être utile, et que *Lepage* (Bailly) pût l'adjoindre à nos amis d'une manière aussi avantageuse pour nous que pour lui ; il doit avoir des accointances avec les agens royaux à Paris. Nous n'avons eu aucun détail sur Toulon ; tâchez de nous en procurer. Sur toute chose, n'épargnez rien pour avoir un émissaire sûr dans l'agence des patriotes irlandais à Paris, et pour découvrir leurs projets et menées, ainsi que la manière dont ils correspondent avec leur parti. On n'a pas ici les signaux de mer ; mais on ne ferait de sacrifice pour les avoir qu'autant que l'on serait sûr qu'ils ne changeront pas souvent, et que dans le cas de leur changement on pût en être promptement averti, afin de n'être pas induit en erreur. Si vous croyez, mon ami, que *Vallon* ne puisse être employé, faites-lui donner dix louis de ma part, par forme de gratification. J'envoie à *Ravoisié* (Lacote), à Rotterdam, une nouvelle lettre de crédit de la valeur de 2,000 livres sterlings : vous me ferez plaisir de m'envoyer vos comptes, quand cela vous sera possible. Tous les détails que *Léger* (Bailly) a donnés à *Dufour* (Le Moine) sur les prisonniers (1), et ceux qui sont en fuite,

---

(1) Il s'agit ici des personnes détenues à Montreuil, et de ceux qui se sont soustraits aux recherches faites à Boulogne, il y a trois mois.

et ce que *Remusat* lui en a appris, l'ont beaucoup soulagé; il faut continuer de les bien soigner tous, sans excepter ceux des matelots détenus au Temple (1) qui sont des nôtres; il faut de plus assister leur famille à Boulogne. Je suis bien satisfait de la mère de *Couturier* (Montsec); dites-le leur. Toute réflexion faite, mon ami, je révoque l'ordre de congé de bail de la maison *des Chiens* (Charenton). Je suis décidé de la garder à mon compte comme par le passé. Je suis bien charmé que *Montauban* (Montsec) y soit resté, et qu'il puisse continuer de prendre soin de mes effets. Ne m'envoyez pas mes lorgnettes ni le linge que j'avais chargé *Remusat* de me faire expédier. C'est une satisfaction pour moi de pouvoir penser que si un événement heureux me ramenait en France, j'y trouverais encore un gîte bien fourni pour me recevoir. Je reçois à l'instant l'avis que la caisse de linge expédiée par Calais est arrivée à Douvres; mais on ne dit rien du Caraçao.

Il est bon, mon ami, que *Lepage* (Bailly) sache que le Gouvernement anglais est plus disposé qu'il n'a jamais été à reconnaître publiquement *Louis XVIII* pour roi de France. *Biset* (Addington) l'a déclaré formellement avant-hier à *Barré* (le comte d'Artois), en l'assurant que le parti de l'opposition y résisterait faiblement. Ils ont eu ensemble une longue conférence à ce sujet; ceci est encore secret.

Ce 31 décembre.

Je vous souhaite, mon ami, une bonne année, plus heureuse que les précédentes. J'ai vu hier *Boutin* (Right,

---

(1) Ce sont les quatre matelots détenus à Pélagie.

aide-de-camp du commodore), avec qui j'ai eu une franche et amicale explication ; d'où il résulte qu'il a communiqué pour le compte de *Beaucousin* (Pichegru), non pas au Tréport, mais un peu au-dessus, du côté de Dieppe. Je crois qu'il ne serait pas difficile de nous rendre mutuellement communs nos points de communication ; car *Duval* (Le Moine) est plus que jamais en relation de confiance, d'amitié et d'affaires avec *Bouchard* (Pichegru). Mais avant d'établir une semblable réciprocité, je desire avoir votre avis et agrément, et savoir si nos hommes pourraient sympathiser avec les siens. *Varenne* (Sidney Smith), qui est en station devant Flessingue, m'a mandé qu'il pourrait facilement communiquer avec *Denis* (Lacote), et faire prendre chez lui, à Rotterdam, les dépêches qu'il aurait à m'envoyer. J'ai envoyé une lettre de crédit à *Corbin*, pour qu'il puisse mettre ses amis de *Vallon* en rapport avec *Poupart* (Lacote).

Boutin (Right), qui vient de me venir voir, m'a exposé, mon ami, qu'il y avait de grands inconvéniens à aller dans la baie au point indiqué, parce que la chaloupe pourrait y rencontrer des embarcations ennemies sortant, ou rentrant, et qu'en outre la chaloupe pourrait être vue de tous points du rivage de la baie ; en conséquence, *Dumoulin* pense qu'il vaudrait infiniment mieux choisir un autre point, au pied des falaises, entre la mer et le bourg d'Eu, qu'il y serait facile d'y trouver et de déterminer. Comme il a une connaissance approfondie de tous ces parages, il croit que si, par quelque cause que ce soit, le Tréport devenait impraticable, on pourrait trouver un point de communication extrêmement convenable entre la Somme et

Der, à l'embouchure d'une petite rivière, qui est entre les deux dernières.

Adieu, mon ami, je vous embrasse du meilleur de mon cœur. Mille tendres et sincères complimens à tous nos amis et amies communs.

Il y a bien long-temps que le pauvre *Pivert* (Eugène) est privé du plaisir de vous écrire ; il vous embrasse aussi tendrement qu'il vous aime , et vous souhaite autant de bonheur que vous en méritez ; il vous prie d'être son interprète auprès de *Sangrin* (Lebrun), qu'il aime toujours de tout son cœur ; dites-lui aussi beau-coup de choses aimables de la part de mon frère. Nous parlons de ce bon *Sangrin* (Lebrun) bien souvent. Adieu, bon et sincère ami ; continuez-moi vos bontés, et croyez à la reconnaissance de la personne qui vous embrasse de tout son cœur. Ma santé est un peu meil-leure ; j'espère que le printemps la rétablira entièrement.

N.° 10:

3 janvier 1804.

LE temps étant devenu meilleur, mon ami *Pruneau* est parti hier de grand matin pour Deal, à l'effet de s'y embarquer sur le cutter chargé du service de notre correspondance : mais à midi j'ai reçu une lettre de Mont-fort (le colonel *Smith,* frère) qui m'apprenait que l'a-miral de Deal avait donné une autre destination à ce cutter ; j'étais . . . car depuis huit mois je n'ai cessé d'être contrarié par l'amirauté, qui ne s'entend pas trop bien avec le département des affaires étrangères, et qui m'a, à cause de cela, suscité mille tracasseries. Je suis aussi-tôt allé trouver *Boutin* (Right, aide-de-camp du com-

modore), pour nous rendre ensemble chez *Pain*
(M. Hammon) qui a été aussi fâché que moi de ce
contre-temps ; alors, *Boutin* (Right, aide-de-camp du
commodore), par le desir de faire quelque chose d'a-
gréable à l'un comme à l'autre, s'est offert de faire le service de notre correspondance, en même temps que les
affaires de *Jabineau* ; cette offre a été acceptée avec
empressement : d'après cela, mon ami, nous n'aurons
plus à faire qu'à *Boutin* (Right), qui y ira de tout
cœur et d'inclination. Il exige cependant que nous ne
confondions pas les affaires de *Bouchard* (Pichegru)
avec les nôtres, afin que s'il arrivait un malheur aux
uns, il ne pût devenir nuisible aux autres, et qu'il n'y
ait pas lieu à se faire des reproches de part ni d'autre, &c.

Il paraît que *Laurent* (capitaine Wright) ne voudrait
pas que nous cherchions à établir un point de communication au-delà de Tréport, réservant tout ce qui est à
l'ouest pour *Beaucousin* (Pichegru) : mais vous pouvez
en établir tant qu'il vous plaira à l'est ; c'est-à-dire,
depuis le Tréport jusqu'à Étaples ; il pense que l'embouchure de   serait très-favorable ; il préfé-
rerait aussi un point entre le Tréport et le bourg d'Eu
à celui fixé dans la baie, parce qu'il trouve beaucoup
d'inconvéniens à s'y enfoncer. D'après tout cela, mon
ami, ne cherchez pas à vous lier avec les gens de *Bouchard* (Pichegru) ; mais tâchez seulement de connaître
leurs moyens et leurs ressources. Comme *Michel*, le
prêtre, va être mis à bord *du Volcan*, que commande
Boutin (Right), il l'emploiera à notre service ; cela
n'empêchera pas *Pruneau* d'y aller. Adieu, mon ami ;
j'espère que tout va aller bien, d'après ce nouvel arran-
gement.

Voudriez-vous

Voudriez-vous que je vous envoyasse le Courrier de Londres, qui paraît deux fois la semaine, et l'Ambigu de *Pelletier*, qui ne paraît que trois fois par mois! Écrivez directement à *Laurent* (Wright), quand vous aurez quelque chose d'important à lui communiquer, et qu'il sera à propos qu'il sache promptement; ne lui écrivez que sous le nom de *Laurent*, qui est le seul qu'il connaisse.

Je vous embrasse de tout mon cœur.

4 janvier.

Dumoulin (Right) a quitté hier Londres; mais il ne sera pas prêt à mettre en mer avant trois ou quatre jours; j'ai tout lieu de croire, mon ami, que notre affaire va aller bien : j'ai eu hier la certitude que *Pain* (M. Hammon) l'avait recommandée d'une manière spéciale à *Boutin* (Right), de la part même du Gouvernement, qui y attache une grande importance; ainsi *Pruneau* ne sera pas à la côte avant trois jours. J'ai eu presque la certitude, hier soir, que c'était le grand *Raoul* (1), qui connaît parfaitement *Lesourd* (La Besace) et que je crois m'être particulièrement attaché, qui fait aller la correspondance de *Bouchard* (Pichegru); dans ce cas, il n'y aurait aucun inconvénient à ce que *Hutin* (La Besace) (2) cherchât à le voir et à s'entendre avec lui pour s'entr'aider réciproquement : je suis persuadé que vous seriez content vous-même, si vous jugiez à

---

(1) C'est certainement *Saint-Vincent*, anciennement *Raoul*, qui, en effet, faisait mouvoir les affaires de *Pichegru*, et est connu de *Troche* particulièrement.

(2) La Besace doit être l'abbé *Delaporte*.

D

propos d'avoir une entrevue avec lui. *Raoul* doit connaître *Troche*, et avoir des rapports avec lui : j'ai écrit
à *Poupart* (Lacote) (1) de m'envoyer ses marchandises
par Hambourg, si les bâtimens hollandais cessent de
venir en Angleterre; ce qui est fort à craindre par la
défense que vient de faire le gouvernement de ne plus
laisser entrer dans la Tamise aucun vaisseau ·sous pa-
villon neutre, venant des pays occupés par les troupes
de la République. J'espère d'ailleurs que *Denis* (Lacote)
pourra se mettre en rapport avec *Corbin* (Sydney-Smith),
qui croise devant Flessingue; mais quand cela aurait
lieu, recommandez-lui de m'envoyer les doubles de
toutes ses expéditions par Hambourg.

Adieu, encore une fois, mon

____

(1) Ce *Lacote* est posté en Hollande.

À PARIS, DE L'IMPRIMERIE DE LA RÉPUBLIQUE.
Germinal, an 12.

(1804.